Mise en place de portail d'entreprise avec les technologies IBM & J2EE

Yassine Ziouani

Mise en place de portail d'entreprise avec les technologies IBM & J2EE

Éditions universitaires européennes

Impressum / Mentions légales

Bibliografische Information der Deutschen Nationalbibliothek: Die Deutsche Nationalbibliothek verzeichnet diese Publikation in der Deutschen Nationalbibliografie; detaillierte bibliografische Daten sind im Internet über http://dnb.d-nb.de abrufbar.

Alle in diesem Buch genannten Marken und Produktnamen unterliegen warenzeichen-, marken- oder patentrechtlichem Schutz bzw. sind Warenzeichen oder eingetragene Warenzeichen der jeweiligen Inhaber. Die Wiedergabe von Marken, Produktnamen, Gebrauchsnamen, Handelsnamen, Warenbezeichnungen u.s.w. in diesem Werk berechtigt auch ohne besondere Kennzeichnung nicht zu der Annahme, dass solche Namen im Sinne der Warenzeichen- und Markenschutzgesetzgebung als frei zu betrachten wären und daher von jedermann benutzt werden dürften.

Information bibliographique publiée par la Deutsche Nationalbibliothek: La Deutsche Nationalbibliothek inscrit cette publication à la Deutsche Nationalbibliografie; des données bibliographiques détaillées sont disponibles sur internet à l'adresse http://dnb.d-nb.de.

Toutes marques et noms de produits mentionnés dans ce livre demeurent sous la protection des marques, des marques déposées et des brevets, et sont des marques ou des marques déposées de leurs détenteurs respectifs. L'utilisation des marques, noms de produits, noms communs, noms commerciaux, descriptions de produits, etc, même sans qu'ils soient mentionnés de façon particulière dans ce livre ne signifie en aucune façon que ces noms peuvent être utilisés sans restriction à l'égard de la législation pour la protection des marques et des marques déposées et pourraient donc être utilisés par quiconque.

Coverbild / Photo de couverture: www.ingimage.com

Verlag / Editeur:
Éditions universitaires européennes
ist ein Imprint der / est une marque déposée de
OmniScriptum GmbH & Co. KG
Heinrich-Böcking-Str. 6-8, 66121 Saarbrücken, Deutschland / Allemagne
Email: info@editions-ue.com

Herstellung: siehe letzte Seite /
Impression: voir la dernière page
ISBN: 978-3-8417-3619-2

Abstract

In the new economy, every company is looking for new ways to empower their customers, suppliers, partners and employees with more effective and efficient interactions tools. Since, the evolvement of portals, which are essentially an aggregation of content, communities and commerce activities, enabling users to interact and socialize with each other.

This document presents the report of my end of studies internship, during which I was required to participate in building enterprise portals using IBM and J2EE technologies.

Developing an enterprise portal requires a solid background in analyzing, designing, implementing and managing the whole project. Thus during my internship I was driven by a set of software development methodologies (UP, 2TUP...) accompanied with a set of technologies and tools, including: J2EE, IBM Websphere portal, IBM lotus Sametime, DB2, LDAP, UML.... In order to develop three applications that will be integrated into customers portals then go install them.

Résumé

En ce temps de nouvelle économie, chaque enterprise vise à doter ses clients, fournisseurs, partenaires et employés avec des outils d'interaction plus efficaces. C'est ainsi que les portails, qui sont une agrégation de contenu, de communautés et d'outils de commerce, se développent, permettant à leurs utilisateurs d'interagir et de travailler en groupe.

Ce document présente le rapport de mon stage de fin d'études, durant lequel j'ai contribué à la mise en place de portails d'entreprises en utilisant les technologies IBM et J2EE.

Le développement d'un portail d'entreprise requiert un travail d'analyse et de développement minutieux, ainsi qu'une bonne gestion de l'ensemble du projet. Ainsi durant mon stage, j'ai utilisé un ensemble de méthodologies de développement logiciel (UP, 2TUP…) ainsi qu'une multitude de technologies et d'outils incluant: J2EE, IBM Websphere portal, IBM lotus Sametime, DB2, LDAP, UML, …. Afin de developper trois applications qui seront integrées dans des portails des clients et installées chez eux.

ملخص

في الاقتصاد الحالى كل الشركات تحاول البحث عن طرق جديدة لتمكين عملائها ومورديها، و شركاءها بايجابيات الأدوات الأكثر فعالية و كفاءة . و مند دلك الحين فان تطوير البوابات و التي هي في الأصل عبارة عن تجميع للمحتوي، والمجتمعات المحلية، وأنشطة التجارة، مكنت المستخدم من التفاعل و التواصل مع مجتمعه المحلي،و مع غيره من المستخدمين.

هذه الوثيقة تقدم تقرير عن مشروع التخرج. خلال هذه المدة كنت مطالب بالمشاركة في انشاء بوابات خاصة بالشركة مستعملا تكنلوجيا J2EE و IBM.

لتطوير مشروع بوابة خاصة بإحدى الشركات لبد من توفر خلفية متينة في تحليل وتصميم وتنفيذ وإدارة المشروع كله.خلال المدة التي قضيتها في مشروع تخرجي كنت خاضعا لمجموعة من منهجيات تطوير البرمجيات (...UP, 2TUP)

يالاضافة لمجموعة من التقنيات والادوات مثل DB2,IBM Websphere portal,J2EE,UML,LDAP.

Dédicaces

A mes chers parents

En témoignage de mon amour, mon affection et mes reconnaissances pour les efforts qu'ils ont consenti pour moi durant toutes ces longues années

A mon frère Mostafa et ma sœur Fatima, en témoignage de mon attachement

A mon cher cousin Fettah et mon ami d'enfance Anass pour leurs valeureux services

A ma famille

A tous mes amis

A tous je dédie ce travail

Yassine ZIOUANI

<u>Remerciements</u>

Je tiens à remercier la société Uniforce Informatique de m'avoir permis d'effectuer ce stage de projet de fin d'études au sein de son équipe solutions d'entreprises.

Je souhaiterais en particulier exprimer mes profondes gratitudes à Monsieur Othmane Benslimane, directeur des opérations solutions d'entreprises, pour m'avoir confié pour mon stage un projet d'une grande valeur et Professeur Mohsine Eleuldj, mon encadrant interne, pour m'avoir encadré à plein temps et supervisé mon travail.

Je voudrais remercier toutes les personnes qui, par leur aide ou simplement par leur gentillesse, ont contribué d'une façon ou d'une autre à la bonne réalisation du projet dont j'ai eu la charge.

Je tiens donc à remercier tous les membres de l'équipe Solutions d'entreprises de Uniforce Informatique pour leur disponibilité et leur sympathie.

Je souhaiterais aussi remercier chaleureusement tout le personnel pour avoir fait de Uniforce Informatique un lieu où il fait toujours aussi bon pour travailler, et pour tous les services qu'ils m'ont rendus.

Liste des figures

<u>Remerciements</u>

Je tiens à remercier la société Uniforce Informatique de m'avoir permis d'effectuer ce stage de projet de fin d'études au sein de son équipe solutions d'entreprises.

Je souhaiterais en particulier exprimer mes profondes gratitudes à Monsieur Othmane Benslimane, directeur des opérations solutions d'entreprises, pour m'avoir confié pour mon stage un projet d'une grande valeur et Professeur Mohsine Eleuldj, mon encadrant interne, pour m'avoir encadré à plein temps et supervisé mon travail.

Je voudrais remercier toutes les personnes qui, par leur aide ou simplement par leur gentillesse, ont contribué d'une façon ou d'une autre à la bonne réalisation du projet dont j'ai eu la charge.

Je tiens donc à remercier tous les membres de l'équipe Solutions d'entreprises de Uniforce Informatique pour leur disponibilité et leur sympathie.

Je souhaiterais aussi remercier chaleureusement tout le personnel pour avoir fait de Uniforce Informatique un lieu où il fait toujours aussi bon pour travailler, et pour tous les services qu'ils m'ont rendus.

Liste des figures

INTRODUCTION

Les portails sont nés du constat que l'information sur l'Internet et les intranets qui est diffusée et pas du tout structurée devient de plus en plus difficile d'accès, quels que soient les moteurs employés.

Cela résulte du fait que si un travail de classement et de référencement n'est pas réalisé en amont, il faut dépenser ensuite beaucoup plus d'énergie pour arriver à retrouver les informations recherchées. D'autre part, les utilisateurs, débordés par le nombre d'outils en tout genre qui foisonnent actuellement, n'ont plus le temps d'apprendre à les manipuler, et souhaitent une approche plus simple et unifiée.

Les portails constituent donc de nouveaux espaces de travail et d'accès à l'information. Leur objectif est de donner accès de façon simplifiée et unifiée, à des contenus, des applications et des services, organisés ensemble de façon cohérente; ils visent à regrouper sous un accès unique :

- un espace informationnel de recherche.
- un espace communautaire de partage.
- un espace personnalisé de services.

Le concept du portail est généralement étroitement lié à la notion de profil d'utilisateur. En effet, chaque utilisateur a accès aux ressources du système d'information en fonction de son profil et selon la politique de sécurité définie par l'entreprise.

D'autre part, le profil d'utilisateur peut également servir à la personnalisation visuelle et fonctionnelle (look & feel). On parle alors d'**environnement de travail** en ligne ou de **Bureau virtuel**. Dans une telle logique, l'environnement est composé de briques modulaires (appelées généralement Portlets ou Webparts) que l'utilisateur peut choisir et organiser dans son espace de travail.

C'est dans cette optique que nous allons contribuer lors de notre projet de fin d'études à la mise en place de portails d'entreprises à travers le développement de trois applications : application articles-remarques, application FAQ ainsi que application forum de discussion. Nous allons entamer notre étude par une phase de recensement des besoins et de conception des applications à réaliser, suivie d'une phase d'implémentation, et finalement nous allons nous rendre chez les entreprises clientes afin de déployer les portails chez elles.

CHAPITRE 1

CONTEXTE GENERAL DU PROJET

1 Introduction

L'environnement de déroulement d'un projet est l'un des facteurs déterminants dans la réussite de celui-ci, donc en première partie, nous donnons un aperçu de l'organisme d'accueil, ensuite, nous situons le projet dans son contexte général.

2 Présentation de l'organisme d'accueil

2.1 Présentation et activités de l'entreprise

UNIFORCE (société à responsabilité limitée) fut créée en 1993, par les anciens dirigeants techniques d'IBM. Elle s'était fixé au début sur la maintenance concernant les principaux clients mainframe avec 80% du parc informatique (BCP, OCP, DGSN, CDG).

A partir de 1997, l'entreprise s'est orientée vers les plateformes ouvertes (UNIX,...). En 2001, UFI a conclu un partenariat d'affaires avec IBM concernant l'intégration de solutions informatiques.

Afin de répondre de plus en plus aux besoins de ses partenaires et aux expectatives du marché, l'entreprise a créé un département Software en 2004 (Intranet, Collaboration, Développement ...).

Le lancement en 2005 de l'activité Outsourcing succède à une réflexion stratégique fondée sur les perspectives de croissance de l'entreprise et la volonté d'être toujours à l'affût des évolutions du secteur.

La mission au sein d'UNIFORCE est de fournir des solutions qui correspondent en tout temps aux attentes de leurs clients :

− Intégration d'infrastructure informatique.

− Intégration de solutions software.

− Outsourcing.

− Formation, Conseil et Audit.

− Maintenance.

2.2   Organigramme représentant la hiérarchie d'UNIFORCE

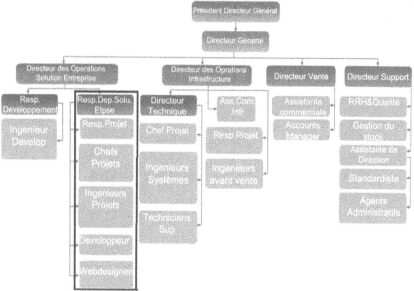

FIGURE 1.1- OGANIGRAMME d'UNIFORCE

En ce qui concerne notre stage, nous l'avons passé au sein du département Solutions d'entreprises que nous allons présenter.

2.3   Présentation du département Solutions d'entreprise :

La mission du département solution entreprise s'étend sur plusieurs activités, à savoir :

*   la réalisation de portails d'entreprises.
*   le développement d'applications spécifiques.
*   l'intégration de solutions de collaborations notamment la messagerie et l'automatisation des flux.
*   la gestion électronique des documents (GED).

Aujourd'hui, le département emploie une équipe de 20 personnes répartie entre le directeur des opérations solution entreprise, le responsable développement, le responsable solution entreprise, des ingénieurs développement, des responsables projet, des chefs de projets et des ingénieurs projets.

3 Problématique

3.1 Contexte général

Pour l'entreprise, soucieuse de capter et de fidéliser ses intranautes (salariés), extranautes (clients, fournisseurs, partenaires…) ou internautes (grand public), la démarche consistant à développer des portails sur Internet est primordiale aujourd'hui.

L'entreprise a besoin de faire connaître ses produits, de créer des communautés, de diffuser des annonces importantes, de rationaliser ses communications, d'enrichir l'intelligence économique de l'organisation et de favoriser l'accès à l'information en général.

L'entreprise va pouvoir notamment utiliser son système d'information (son intranet) pour centraliser et diffuser de l'information en interne, l'extranet pour échanger de l'information avec ses partenaires, et Internet pour communiquer ou commercer électroniquement avec le grand public.

3.2 Objectif et description du projet

Notre projet consiste en la contribution à la mise en place de portails d'entreprises pour le compte de différents clients de Uniforce informatique, à travers la conception et le développement de trois applications qui seront intégrées aux portails des entreprises clientes. Ensuite nous nous sommes rendus chez l'un des clients pour participer à l'installation du portail sur place, à savoir la centrale laitière. Ces trois applications sont : l'application portlet articles-remarques, l'application FAQ, ainsi que l'application forum de discussion.

3.3 Approche adoptée et méthodologie

Afin d'atteindre notre objectif, nous avons adopté le plan décrit dans le diagramme de Gantt en annexe, dont les grandes lignes sont les suivantes :

- Projet sur trois mois.
- Trois applications qui s'étalent sur les trois mois.
- Une semaine vers la fin de la deuxième application dédiée pour l'installation du portail chez la centrale laitière.

Chacune des trois application est réalisée suivant trois étapes :

➢ Recensement des spécifications fonctionnelles.
➢ Conception de l'application.
➢ Implémentation et codage de l'application

5

4 Conclusion

Le rôle que joue Uniforce Informatique comme acteur présent au niveau des différents secteurs informatiques au Maroc, et l'expansion de technologies de mise en place de portails donnent un premier aperçu sur l'importance du projet ambitieux qui nous a été confié.

Ainsi nous présentons dans la chapitre suivant un aperçu sur les portails en général ainsi que sur les solutions de portails et leurs différentes caractéristiques et fonctionnalités.

CHAPITRE 2

SOLUTIONS PORTAILS

1 Cadre du projet

1.1 Caractéristiques et fonctionnalités des portails

Les quatre caractéristiques qui définissent un portail sont les suivantes :

- **Point d'accès unique** à des ressources d'information multiples, internes ou externes à l'entreprise, sous forme de bases structurées ou de sites Web
- **Organisation** à la fois des informations accessibles et des applications disponibles
- **Personnalisation** des services offerts, individuelle ou par groupes
- **Contrôle d'accès** centralisé et gestion des utilisateurs.

Pour mettre en œuvre ces caractéristiques, les produits du marché qui affichent une offre de portail, proposent, à des degrés divers, un certain nombre de fonctions dont les principales sont : agrégation de contenu, organisation de contenu, personnalisation des services, accès au contenu, information et diffusion du contenu, communication et travail collaboratif, serviceà valeur ajoutée ainsi que l'administration et la sécurité.

- **Agrégation de contenu**

Collecte d'informations sur des sources internes et externes (en sélectionnant celles qui correspondent aux sujets d'intérêt), transcodage pour obtenir un format de présentation unique, stockage des références des documents, parfois constitution d'une base interne par duplication des données.

- **Organisation de contenu**

Classement ou catégorisation des données selon un plan de classement prédéfini, correspondant aux besoins des utilisateurs du portail ; dans tous les cas, la définition d'un plan de classement ne peut être évitée, et ne peut être réalisée que par les spécialistes du domaine. Dans certains portails une structuration des données est réalisée en plus, par extraction ou adjonction de métadonnées matérialisées par des balises.

- **Personnalisation des services**

Un des concepts-clés d'un portail est d'adapter l'accès à l'information aux besoins précis des utilisateurs, par l'intermédiaire de profils, individuels ou d'équipes de travail ; ces profils

8

peuvent servir aussi bien au filtrage lors des recherches, qu'à la diffusion sélective, et à la définition du mode d'affichage des informations.

- **Accès au contenu**

Celui-ci est offert à minima par le plan de classement mis en place avec le portail, plus un moteur de recherche intégré ou adjoint, ayant réalisé une indexation homogène de l'ensemble des informations référencées.

- **Information et diffusion du contenu**

Des services d'information de type actualités, aussi bien que les fonctions de diffusion sélective d'informations (push) ou d'alertes lors de l'arrivée de certaines informations, font généralement partie intégrante de l'offre des portails.

- **Communication et travail collaboratif**

De nombreux portails s'intègrent aux logiciels existants de travail collaboratif, ou collecticiels, comme Lotus Notes, ou fournissent des fonctions équivalentes ; les fonctions supportées sont la messagerie électronique, les forums de discussion, la gestion des agendas de groupe, le partage de dossiers, voire l'interaction et les commentaires sur les documents du portail...

- **Services à valeur ajoutée**

D'autres services, mettant en œuvre des traitements de niveaux plus élevés, comme l'analyse et le traitement sémantique des informations (classification), le data mining et la synthèse d'informations, l'intelligence économique, la traduction automatique... sont parfois proposés dans certains portails, en fonction du domaine et des types d'utilisation visés.

- **Administration et sécurité**

La dernière caractéristique des portails est l'accès centralisé ; les portails contrôlent les accès des utilisateurs, certains peuvent même gérer les annuaires d'entreprise ; la fonction d'administration des bases, incluant des rapports statistiques, est bien entendu présente ; enfin, un coupe-feu est intégré pour garantir la sécurité vis à vis d'intrusions possibles.

1.2 Classification des portails

Les offres de portails sont partagées suivant quatre catégories : portails applicatifs, portails collaboratifs de veille et de KM, portails E-commerce ainsi que les architectures d'intégration.

1.2.1 Portails applicatifs

Offres qui ouvrent l'accès aux progiciels et applications décisionnelles via une interface de type portail. Ces offres concernent directement les éditeurs d'ERP et de solution de business intelligence.

1.2.2 Portails collaboratifs, de veille et de KM

Ces logiciels indexent des contenus structurés ou non et les mettent à disposition des utilisateurs de façon plus ou moins personnalisée. Une partie de ces offres comprennent des fonctions de gestion des connaissances (KM pour Knowledge Management) qui associent par exemple des profils de compétences à des documents. Les principaux utilisateurs de ces types de portails sont les éditeurs de GED (gestion électronique de documents).

1.2.3 Les portails E-commerce.

Ces logiciels-là s'adressent plus aux clients des entreprises qu'à leurs employés. Ils sont déstinés aux éditeurs d'outils de gestion de contenu dynamique et de solutions de e-CRM.

1.2.4 Les architectures d'intégration

Ces offres regroupent des briques technologiques pour construire un portail. Contrairement aux offres précédentes, il ne s'agit donc pas de logiciels prêts à l'emploi mais plutôt de solutions d'infrastructure. Ces architectures sont utilisées principalement par les éditeurs de serveurs d'application et de base de données XML.

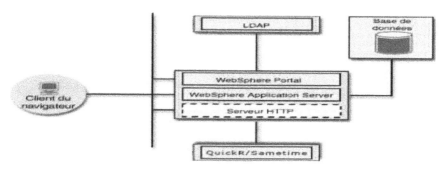

FIGURE 2.1- ARCHITECTURE SIMPLIFIÉE D'UN PORTAIL IBM

10

2 Démarches de choix d'une solution Portail

2.1 Introduction

Le choix d'une solution portail est rendu complexe par la multitude des offres disponibles sur le marché. Une étude détaillée des besoins permet néanmoins de restreindre fortement la liste des prétendants.

Nous constatons que derrière le besoin d'un portail se cachent trois axes techniques :

- la gestion de contenu qui est nécessaire dans quasiment tous les projets
- les outils collaboratifs qui sont de plus en plus demandés
- le portail d'intégration qui sont envisagé pour des projets avancés

Etant donné que chacun de ces axes nécessite de mettre en oeuvre des solutions techniques complètement différentes, on comprend mieux l'importance de définir ses besoins suivant ces axes. Il faut également conserver à l'esprit que si le besoin est transversal et qu'il couvre au minimum deux axes, il faudra s'assurer de la compatibilité de la solution technique combinant ces deux axes. Décrivons maintenant la couverture fonctionnelle de ces axes.

2.2 L'axe « gestion de contenu »

Les outils de gestion de contenu Web reposent sur une séparation entre le contenu et la présentation. L'interface *Back-Office* qui est accessible uniquement aux contributeurs, permet de créer et modifier un contenu. Ce contenu est saisi sans aucune mise en forme. Ensuite, on décide de restituer ce contenu sous différents formats : version imprimable du contenu, affichage dans un bloc de page Web, version RSS (format permettant l'échange de contenus entre partenaires), etc.

Les avantages par rapport à une gestion statique des contenus sont multiples :

- Diffusion d'un même contenu sur plusieurs canaux (page d'accueil Web, version imprimable, newsletter, ...)
- Facilité de modification de la charte graphique, possibilité de contrôler le cycle de vie du contenu (date de mise en ligne, date d'archivage, ...)
- Autonomie des contributeurs (la création d'un nouveau contenu ne nécessite aucune intervention technique), etc.

L'axe gestion de contenu est aux yeux de l'entreprise indispensable à tout projet portail.

2.3 L'axe « outils collaboratifs »

Cet axe rassemble à fois des fonctionnalités issues du groupware (forums, agenda partagé, gestion documentaire, ...) mais également des fonctionnalités purement Web (chat, co-browsing, site Web personnel, site Web de groupe de travail, ...).

La délégation de l'administration aux utilisateurs est un des points clés de ces outils. On veut en effet pouvoir laisser une grande autonomie aux équipes pour personnaliser leurs espaces de travail.

Cet axe est souhaitable lorsque l'on veut améliorer les outils de travail en équipe. Sa mise en oeuvre doit néanmoins être accompagnée par une conduite du changement soignée.

2.4 L'axe « portail d'intégration »

Le principe des portails d'intégration est de proposer une solution englobant l'ensemble des applications de l'entreprise. La partie « visible » gère la communication avec les utilisateurs et leur permet de personnaliser leurs pages. La partie interne est constituée de connecteurs vers de multiples sources de données et applications. Ces connecteurs offrent la possibilité aux utilisateurs d'avoir accès aux fonctions des applications du système d'information aux travers de « portlets ».

Un moteur de recherche est disponible pour effectuer des recherches via le réseau (sites intranet, répertoires réseau, ...). Ceci permet d'atteindre des données réparties sans avoir à les déplacer. L'axe de gestion de contenu et l'axe outils collaboratifs sont vus comme des applications intégrables par le portail d'intégration.

2.5 Conclusion

Une des clés assurant un choix adapté est donc d'organiser son analyse des besoins sur ces trois axes. Il est également important de se projeter à moyen terme. En effet, un choix court terme de gestionnaire de contenu peut s'avérer bloquant dans la perspective de mise en place d'un portail d'intégration. Enfin, il est important de faire ce choix de manière transverse. Ces outils ont vocation à être généralisés à de nombreux projets (site Web, site partenaires, intranet, ...). Lier vos choix à un seul projet est souvent préjudiciable. Ces choix doivent également être faits en prenant en compte votre environnement technique, les compétences de vos équipes, votre sensibilité aux différents modèles économiques (éditeurs, logiciels libres, ...), etc.

Ces choix doivent être ceux de l'entreprise et non ceux des intégrateurs.

« les intégrateurs passent et les produits restent ».

Pour finir nous présentons les principaux intégrateurs de solutions portails sachant bien qu'au sein de l'entreprise, nous avons suivi la politique adoptée en utilisant le produit Websphere de IBM :

o   BEA Weblogic portal
o   IBM WebSphere Portal
o   SAP EP|SAP Enterprise Portal
o   JBoss Portal
o   Office SharePoint Server
o   Silverpeas
o   ...

3   Solution Websphere Portal

3.1   Définition de Websphere

A l'origine, Websphere est une plate-forme applicative générique couvrant un ensemble de solutions développées par IBM qui permettent de développer, de déployer et d'utiliser des applications d'entreprise, même dans des cas complexes faisant appel à des applications et des matériels hétérogènes.

Cette plate-forme applicative couvre les éléments suivants:

•   Une gamme de serveurs d'application basés sur J2EE et EJB. Le principal élément de cette gamme étant WAS : Websphere Application Server.

•   Une gamme d'outils de développement basés principalement sur le socle de développement Eclipse et le langage java. Le principal élément de cette gamme étant WSAD : WebSphere Studio Application Developer.

•   une gamme d'outils permettant de développer et de maintenir un portail d'entreprise, tout en permettant, le cas échéant, d'y inclure des applications utilisées par celle-ci, au moyen de diverses interfaces et autres solutions d'intégration. Le principal élément de cette gamme étant WebSphere Portal.

- Une gamme d'outils plus spécifiques permettant de faciliter le déploiement, notamment dans le cas de plates-formes très complexes, ainsi que d'assurer le suivi et le contrôle des performances (WebSphere Studio Application Monitor), de la sécurité, etc. On retrouve également parmi ceux-ci des serveurs d'intégration, des connecteurs applicatifs et autres outils middleware selon les cas de figure, et le degré d'hétérogénéité des plates-formes logicielles et matérielles à intégrer.

Chacune des gammes citées ci-dessus comporte à chaque fois plusieurs variantes adaptées selon la complexité des besoins et la taille de l'entreprise.

En outre, on trouvera également un certain nombre de packages, ou suites logicielles dites "prêtes à l'emploi", couvrant une gamme de besoins fonctionnels génériques.

Par exemple : WebSphere Commerce, solution destinée à permettre le commerce via le Web.

3.2   Plateforme WebSphere

WebSphere(R) est un logiciel d'infrastructure destiné à l'e-business dynamique, qui fournit un portefeuille de logiciels fiables, sécurisés et éprouvés [B5].

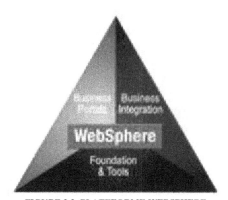

FIGURE 2.2- PLATEFORME WEBSPHERE

3.3   Définition de Websphere Portal

WebSphere Portal Version 6.0 est une solution de portail d'entreprise qui s'adresse aux sociétés cherchant à améliorer leur efficacité opérationnelle. WebSphere Portal associe un ensemble complet de services de plateforme de portail à la fiabilité et à l'évolutivité exigées par les plus grandes entreprises internationales. Ses nouvelles fonctionnalités et améliorations permettent de déployer rapidement de puissantes applications de portail qui peuvent etre personnalisées en fonctions des fluctuations des besoins de l'activité métier de l'entreprise [B6].

3.4 Présentation de Websphere Portal

WebSphere Portal est constitué d'applications middleware (appelées portlets) et d'outils de développement pour la création et la gestion de portails sécurisés B2B (business-to-business), B2C (business-to-consumer) et B2E (business-to-employee).

WebSphere Portal for Multiplatforms inclut deux offres :

- Portal Enable est l'offre de base, elle fournit des fonctions de personnalisation, de gestion de contenu Web, de gestion de documents et de productivité, ainsi qu'une infrastructure de portail évolutive.

- Portal Extend ajoute des fonctions de travail collaboratif, de recherche étendue et d'analyse Web, qui augmentent l'efficacité du portail.

WebSphere Portal est personnalisable pour répondre aux besoins des utilisateurs et des groupes d'utilisateurs. La présentation du portail peut être adaptée suivant les normes en vigueur dans l'entreprise et le contenu des pages personnalisé en fonction des utilisateurs et des groupes conformément aux règles métier et aux profils utilisateur. Les utilisateurs, tels que les partenaires commerciaux, les clients ou les employés, peuvent personnaliser davantage leurs propres vues du portail. Ils peuvent ajouter des portlets aux pages et les réorganiser selon leurs souhaits et contrôler les thèmes de couleurs des portlets. En agrégeant les portlets au sein d'un même espace et en permettant aux utilisateurs de personnaliser leurs propres bureaux, WebSphere Portal fournit un moyen de travailler efficace et de manière satisfaisante.

Les portlets constituent la partie centrale de WebSphere Portal. Comme certains servlets Java réutilisables qui s'affichent sous la forme de zones définies sur les pages de portail, les portlets permettent d'accéder à un grand nombre d'applications, de services et de contenus Web. WebSphere Portal est fourni avec de nombreux portlets standard, notamment des portlets permettant d'afficher du contenu soumis à souscription, de convertir des fichiers au format XML ou d'accéder à des moteurs de recherche et des pages Web. Il inclut également des portlets d'accès à Lotus Notes, Microsoft Exchange et à la messagerie instantanée. Plusieurs portlets tiers sont également disponibles, par exemple la planification des ressources de l'entreprise (ERP) et la gestion de la relation client (CRM). WebSphere Portal est aussi livré avec une API qui permet aux développeurs de portlets de créer des portlets personnalisés.

3.5 Principales fonctions

Les principales fonctions qu'offre Websphere Portal sont : les portlets, une structure polyvalente, la personnalisation, la gestion de contenu, la gestion de documents, l'intégration d'applications, la sécurité ainsi que la collaboration.

- **Portlets**

Les portlets constituent la partie centrale de WebSphere Portal. Les portlets sont de petites applications de portail; ils sont développés, déployés, gérés et affichés de façon indépendante. Les administrateurs et les utilisateurs composent des pages de portails individualisées en choisissant et en organisant les portlets afin de créer des pages Web personnalisées.

WebSphere Portal fournit un riche éventail de portlets standard (accession aux moteurs de recherche, convertion des fichiers en format XML...).

- Les portlets ressemblent aux servlets car :

- Les portlets sont administrées par un conteneur spécialisé.
- Les portlets génèrent du contenu dynamique.
- Le cycle de vie des portlets est administré par un container.
- Les portlets interagissent avec un client web via un paradigme de requête/réponse.

- Les portlets diffèrent des servlets car :

- Les portlets n'ont pas d'adresse URL.
- Un servlet génère une page complète tandis que la portlet a pour vocation de ne générer qu'un fragment de page.
- Plusieurs instances d'une portlet peuvent être placées dans un même page.

- **Structure polyvalente**

WebSphere Portal propose à l'utilisateur une vue homogène des applications du portail et lui permet de définir des jeux d'applications particuliers présentés dans un seul contexte. Suivant le système de requête, l'affichage de cet ensemble d'applications doit varier pour répondre aux conditions requises par ce système. Les tâches d'agrégation qui sont relancées à chaque requête émanant du système sont les suivantes :

- le regroupement des informations relatives à l'utilisateur, au système et à la langue sélectionnée ;

16

- la sélection des portlets actifs de l'ensemble d'applications auquel l'utilisateur a accès.
- l'agrégation de la sortie des portlets actifs en un affichage homogène et utilisable.

WebSphere Portal donne également la possibilité de créer un modèle de navigation personnalisé qui comprend les fonctions suivantes :

- navigation multi-niveaux ;
- thèmes et habillages personnalisés ;
- navigation personnalisée (l'arborescence de navigation peut être modifiées par les portlets eux-mêmes) ;
- organisation personnalisée des portlets (et donc du contenu) sur une page.

Un autre aspect de la structure polyvalente est la possibilité de personnaliser l'utilisation du portail par l'utilisateur, à l'aide de "zones de contenu" qui affichent le contenu souscrit sur la base de l'utilisateur et de son rôle dans le portail.

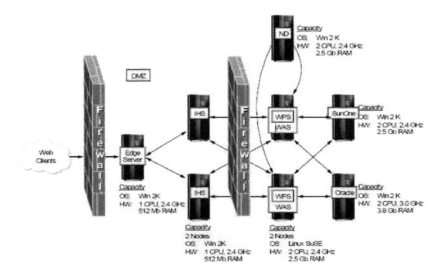

FIGURE 2.3 - ARCHITECTURE DE PORTAIL EN CLUSTER

- **Personnalisation**

La personnalisation du rapport de l'utilisateur avec le portail est l'un des principaux objectifs visés par WebSphere Portal. Pour cela, WebSphere Portal fournit des portlets d'utilisateur et d'administrateur dans le but de personnaliser le contenu, ainsi que l'aspect et la présentation des pages. En outre, des outils sont fournis pour permettre aux spécialistes en la matière de personnaliser le contenu en fonction des besoins et des centres d'intérêt de chaque visiteur du site.

- **Gestion de documents**

WebSphere Portal comprend le portlet administratif de gestion de bibliothèques de documents Document Manager, des composants de productivité et des outils performants qui peuvent être utilisés pour la gestion des documents et autres contenus. Le portlet de gestion de bibliothèques de documents permet aux administrateurs d'exécuter des tâches de gestion. L'application du portlet Document Manager permet aux utilisateurs de partager des documents et leur propose une méthode simple d'archivage, de navigation, de visualisation et de recherche de documents et autres contenus. En fonction de la manière dont l'administrateur configure l'instance du Document Manager, les utilisateurs peuvent travailler avec leurs propres applications d'édition ou utiliser des composants de productivité pour créer et éditer des documents Word, des présentations et des feuilles de calcul.

Le Document Manager aide les utilisateurs à organiser le contenu qu'ils ont visualisé. Ces derniers peuvent créer et éditer des documents sans être connectés à WebSphere Portal. Ils peuvent ensuite télécharger les documents vers le Document Manager, ce qui permet à d'autres utilisateurs dotés des droits de travailler avec ces documents. Les documents sont organisés suivant une hiérarchie de dossiers. Le Document Manager gère les propriétés et les attributs des documents, se charge de la conversion des documents dans d'autres formats et sert de référentiel organisé pour des documents de tout format. Les utilisateurs dotés de droits peuvent contrôler les modifications apportées aux documents via la gestion des versions et une procédure de validation provisoire.

- **Intégration d'applications**

Un portail permet d'accéder aux contenus, aux données et aux services de l'entreprise. Ces services comprennent des connecteurs prédéfinis ainsi que des portlets, des outils pour la création de connecteurs supplémentaires et des portlets.

Les portlets conviennent particulièrement bien aux systèmes de planification des ressources de l'entreprise (ERP) et de gestion de la relation client (CRM). En effet, l'accès efficace et personnalisé à ces fonctions assure un retour sur investissement mesurable du portail. IBM fournit des connecteurs pour des applications d'entreprise, utilisant Java Connector

Architecture (JCA). En outre, Application Portlet Builder est fourni pour les portlets de génération ayant une interaction avec d'autres applications d'entreprise.

- **Sécurité**

Voici certains dispositifs de sécurité que les administrateurs d'applications et de portail peuvent utiliser afin de mieux protéger les informations importantes contenues dans les ressources du portail.

➢ WebSphere Member Services

➢ Administration

➢ Authentification

➢ Identification de l'utilisateur

➢ Serveurs d'authentification tripartite

➢ Connexion unique

➢ Coffre des données d'identification

➢ Connexions permanentes

➢ Autorisation

➢ Administration mandatée

➢ Sécurité Java 2

➢ Protocole SSL (Secure Socket Layer)

- **Collaboration**

Les fonctions de collaboration permettent aux différents membres de l'entreprise de travailler ensemble et de partager des informations en ligne pour atteindre leurs objectifs professionnels. Un portail collaboratif peut optimiser les temps de réponse, l'innovation, les compétences et l'efficacité de votre entreprise. WebSphere Portal offre les fonctionnalités des logiciels IBM Lotus destinées à améliorer la collaboration des utilisateurs du portail :

- Centre de collaboration

- Portlets collaboratifs

- Domino et sa gamme de produits étendus

- Fonctions de découverte des personnes

- API Lotus Collaborative Services

Ainsi, toutes ces fonctionnalités font de Websphere Portal un outil très puissant pour la mise en place de portails d'entreprises.

CHAPITRE 3

ANALYSE & ETUDE CONCEPTUELLE DU PROJET

Tout au long de nos trois mois de stage, nous avons été appelés à réaliser trois applications. Pour ce faire, nous avons choisi comme processus de développement, le processus unifié (UP).

1. Démarche et processus de développement

1.1 Définition d'un processus de développement logiciel

Un processus définit une séquence d'étapes, en partie ordonnées, qui concourent à l'obtention d'un système logiciel ou à l'évolution d'un système existant. L'objet d'un processus de développement est de produire des logiciels de qualité qui répondent aux besoins de leurs utilisateurs dans des temps et des coûts prévisibles. [A4]

1.2 Le Processus Unifié (UP)

Le Processus Unifié (PU ou UP en anglais pour **Unified Process**) est une méthode de développement logiciel construite sur UML; elle est *itérative* et *incrémentale, centrée sur l'architecture, conduite par les cas d'utilisation* et *pilotée par les risques*.

- Itérative et incrémentale : la méthode est itérative dans le sens où elle propose de faire des itérations lors de ses différentes phases, ceci garantit que le modèle construit à chaque phase ou étape soit affiné et amélioré. Chaque itération peut servir aussi à ajouter de nouveaux incréments.

- Conduite par les cas d'utilisation : elle est orientée utilisateur pour répondre aux besoins de celui-ci.

- Centrée sur l'architecture : les modèles définit tout au long du processus de développement vont contribuer à établir une architecture cohérente et solide.

- Pilotée par les risques : en définissant des priorités pour chaque fonctionnalité, on peut minimiser les risques d'échec du projet.

La gestion d'un tel processus est organisée d'après les 4 phases suivantes :

A - Préetude (Inception) : c'est ici qu'on évalue la valeur ajoutée du développement et la capacité technique à le réaliser (étude de faisabilité).

B - Elaboration : sert à confirmer l'adéquation du système aux besoins des utilisateurs et à livrer l'architecture de base.

C - Construction : sert à livrer progressivement toutes les fonctions du système.

D - Transition : déployer le système sur des sites opérationnels.

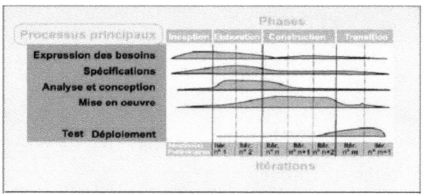

FIGURE 3.1 – LES PHASES DE LA MÉTHODE UP

Chaque phase est elle-même décomposée séquentiellement en itérations limitées dans le temps (entre deux et quatre semaines). Le résultat de chacune d'elles est un système testé, intégré et exécutable. L'approche itérative est fondée sur la croissance et l'affinement successifs d'un système par le biais d'itérations multiples. Le système croît avec le temps de façon incrémentale, itération par itération, et c'est pourquoi cette méthode porte également le nom de développement itératif et incrémental. Il s'agit là du principe le plus important du Processus Unifié. Ces activités de développement sont définies par six disciplines fondamentales qui décrivent *l'expression des besoins, la spécification (modélisation métier), l'analyse et la conception, la mise en œuvre (implémentation), le test et le déploiement.* Notons que ces différentes étapes (ou disciplines) peuvent se dérouler à travers plusieurs phases. Le processus unifié doit donc être compris comme une trame commune des meilleures pratiques de développement[A3].

1.3 Le processus 2TUP

2TUP signifie « 2 Track Unified Process» .C'est un processus qui répond aux caractéristiques du Processus Unifié. Le processus 2TUP apporte une réponse aux contraintes de changement continuel imposées aux systèmes d'information de l'entreprise. En ce sens, il renforce le contrôle sur les capacités d'évolution et de correction de tels systèmes. « 2 Track» signifie littéralement que le processus suit deux chemins. Il s'agit des « chemins fonctionnels » et « d'architecture technique », qui correspondent aux deux axes de changement imposés au système d'information.

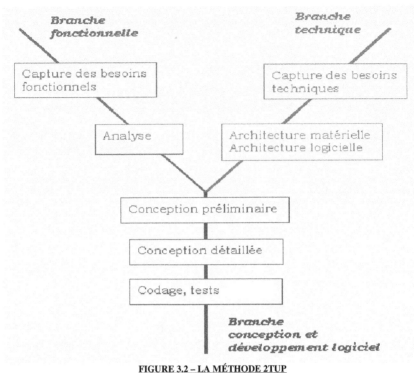

FIGURE 3.2 – LA MÉTHODE 2TUP

La branche gauche (fonctionnelle) capitalise la connaissance du *métier* de l'entreprise. Elle constitue généralement un investissement pour le moyen et le long terme. Les fonctions du système d'information sont en effet indépendantes des technologies utilisées. Cette branche comporte les étapes suivantes :

▪ La capture des besoins fonctionnels, qui produit un modèle des besoins focalisé sur le métier des utilisateurs.

▪ L'analyse.

La branche droite (architecture technique) capitalise un savoir-faire technique. Elle constitue un investissement pour le court et moyen terme. Les techniques développées pour le système peuvent l'être en effet indépendamment des fonctions à réaliser. Cette branche comporte les étapes suivantes :

▪ La capture des besoins techniques.

▪ Les architectures matérielle et logicielle.

La branche du milieu consiste à *fusionner* les résultats des 2 branches à l'issue des évolutions du *modèle fonctionnel* et de *l'architecture technique*. Cette fusion conduit à l'obtention d'un processus en forme de **Y.** Cette branche comporte les étapes suivantes :

- La conception préliminaire.
- La conception détaillée.
- Le codage.
- Les tests.

Nous avons appliqué cette logique de processus pour réaliser les applications demandées.

2. Application 1 : « Portlet articles – remarques » :

2.1 Description fonctionnelle :

Nous avons recensé 2 acteurs :   - le client,

                                   - l'administrateur.

- Le client peut ajouter une remarque à un article, et pour cela il doit télécharger l'article et le lire.

-L'administrateur du portlet a trois taches essentielles à réaliser :

- La gestion des articles, à travers laquelle il peut soit ajouter un article à la base de données ou bien lister les articles présents sur la même base. Après, il peut soit supprimer, télécharger ou bien afficher l'article au client.
- La gestion des commentaires, à travers laquelle il peut visionner les commentaires relatifs a chaque article et les supprimer éventuellement.
- La gestion des supports, à travers laquelle il peut soit ajouter un support soit le supprimer.

Chaque support englobe un ensemble d'articles mais seul l'un d'entre eux peut être affiché au client.

2.2   Diagramme de cas d'utilisation :

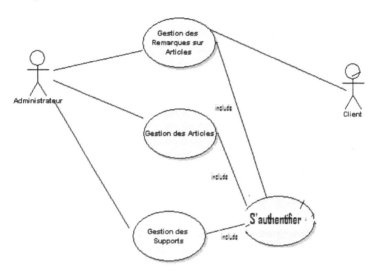

FIGURE 3.3 – DIAGRAMME DE CAS D'UTILISATION POUR LA PREMIERE APPLICATION

Scénario du client :   - Télécharger article
   - lire article
   - évaluer article

Scénarios de l'administrateur :
   Scénario 1 :   - Lister les remarques sur articles
      - supprimer remarque

   Scénario 2 :   -Lister les articles
      - supprimer un article

   Scénario 3 :   -Lister les articles
      -afficher un article aux clients

   Scénario 4 :   -Lister les articles
      -télécharger un article pour le lire

   Scénario 5 :   -Lister les supports
      -supprimer un support

   Scénario 6 :   - Lister les supports
      - ajouter un nouveau support

2.3   Digramme de classes :

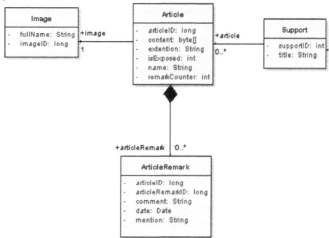

FIGURE 3.4 – DIAGRAMME DE CLASSE DE LA PRMIÈRE APPLICATION

Description de quelques attributs :

extention : l'extension de l'article (.pdf, .doc…).

isExposed : un attribut spécifiant si l'article est affiché ou pas.

remarkCounter : un compteur qui compte le nombre de remarques par article.

comment : le commentaire sur l'article.

Chaque support contient un ensemble d'articles, chacun de ces derniers est relatif à un ensemble de remarques. Chaque article est aussi relatif à une image le décrivant.

3. Application 2 : « Portlet FAQ (Frequently Asked Questions) »

3.1   Description fonctionnelle :

Cette portlet a été développée pour permettre à l'administrateur de n'importe quel portail d'intégrer une rubrique traitant des « questions fréquemment posées ».

Elle est alors considérée comme une « aide » pour les différents utilisateurs du portail.

Dans cette logique, l'administrateur effectue deux taches principales :

▪   Gestion des thèmes qui rassemble tout ce qui concerne l'ajout, la suppression et la modification de thèmes groupant un ensemble de questions/réponses.

- Gestion des questions/réponses qui concerne les opérations effectuées sur les couples (question , réponse), telles que l'ajout , la suppression et la modification de ces derniers.

3.2 Diagramme de cas d'utilisation

Nous avons recensé un seul acteur :   - L'administrateur

FIGURE 3.5 – DIAGRAMME DE CAS D'UTILISATION POUR L'ADMINISTRATEUR

Scénarios de l'administrateur :

Scénario 1 :   - Lister les thèmes
               - supprimer un thème

Scénario 2 :   -Lister les questions/réponses
               - supprimer une question/réponse

Scénario 3 :   -Lister les thèmes
               - modifier un thème

Scénario 4 :   -Lister les questions/réponses
               -modifier une question/réponse

Scénario 5 :   -Lister les thèmes
               -ajouter un thème

Scénario 6 :   - Lister les questions/réponses
               - ajouter une question/réponse

3.3 Diagramme de classes :

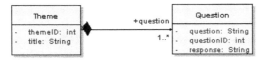

FIGURE 3.6 – DIAGRAMME DE CLASSE DE LA DEUXIEME APPLICATION

Nous distinguons deux classes, la première relative aux thèmes et la deuxième relative aux questions/réponses.

4. Application 3 : « Portlet forum de discussion »

4.1 Description fonctionnelle :

- **Besoins des membres** : Dialoguer en direct, ajouter un nouveau titre, poster.
- **Besoins des modérateurs** : Dialoguer en direct, ajouter un titre, supprimer un titre, poster, supprimer un post (dans le cadre du sujet qui lui a été affecté par l'administrateur.)
- **Besoins de l'administrateur** : Dialoguer en direct, ajouter un titre, supprimer un titre, poster, supprimer un post, ajouter un sujet, supprimer un sujet, affecter le statut de modérateur à un utilisateur du forum, bloquer un utilisateur du forum.

Remarques :

- L'ensemble des fonctionnalités citées pour les différents utilisateurs est défini à l'aide de droits.
- Nous précisons qu'aussi bien l'administrateur, le modérateur ainsi que le client peuvent créer un nouveau titre, nous supposons dans ce cas que le titre est crée et que son créateur est dans l'obligation d'envoyer un post pour initialiser les débat au sein de ce titre . Ainsi, et par souci d'allègement de programme et de simplification, nous allons considérer que les droits de créer un nouveau titre et celui de poster sont confondus.

4.2 Diagramme de cas d'utilisation :

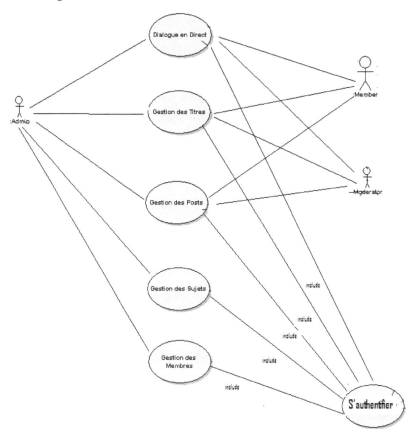

FIGURE 3.7 – DIAGRAMME DE CAS D'UTILISATION POUR LES UTILISATEURS DU FORUM

Scénarios du membre :

Scénario 1 :   - Lister les titres
                 - ajouter un titre

Scénario 2 :   - Lister les titres
                 - accéder un titre

Scénario 3 :   - Lister les posts
                 - poster

Scénarios du modérateur:

Scénario 1 :   - Lister les titres
                 - ajouter un titre

Scénario 2 :   - Lister les titres

29

- supprimer un titre

Scénario 3 :   -Lister les titres
                   - accéder à un titre

Scénario 4 :   -Lister les posts
                   - poster

Scénario 5 :   - Lister les posts
                   - supprimer un post

Scénarios de l'administrateur :

Scénario 1 :   - Lister les titres
                   - ajouter un titre

Scénario 2 :   -Lister les titres
                   - supprimer un titre

Scénario 3 :   -Lister les titres
                   - accéder à un titre

Scénario 4 :   -Lister les posts
                   - poster

Scénario 5 :   - Lister les posts
                   - supprimer un post

Scénario 6 :   -Lister les sujets
                   - accéder à un sujet

Scénario 7 :   -Lister les sujets
                   - ajouter un sujet

Scénario 8 :   - Lister les sujets
                   - supprimer un sujet

Scénario 9 :   -Chercher un utilisateur
                   - affecter le statut de modérateur à un utilisateur

Scénario 10 :   -Chercher un utilisateur
                   - bloquer un membre

4.3 Diagramme de classes :

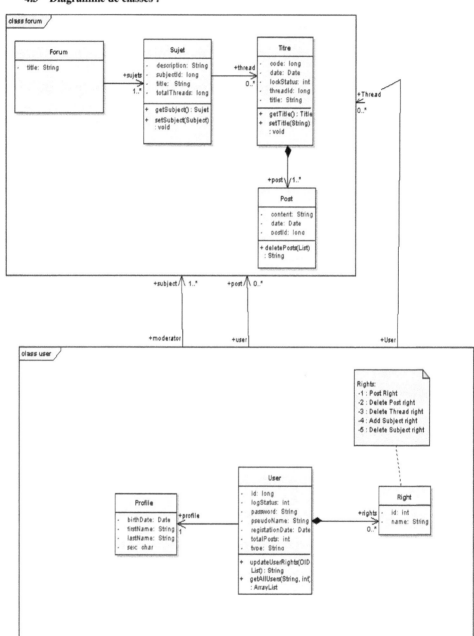

FIGURE 3.8 – DIAGRAMME DE CLASSE POUR LA TROISIEME APPLICATION

Nous distinguons dans ce diagramme de classes deux packages :

> Package utilisateurs contenant les classes des utilisateurs du forum ainsi que leurs droits, leurs informations personnelles....

> Package forum contenant les classes relatives au forum, sujets, titres et posts..

Ainsi cette conception détaillée nous a permis d'aborder la phase d'implémentation en ayant un aperçu général sur tous les aspects des trois applications.

CHAPITRE 4

ETUDE TECHNIQUE & REALISATION

1. Outils de développement

1.1 Portlets

Comme nous l'avons vu précédemment un portail combine différentes applications en une seule présentation, d'où le principe de **portlet.**

Comme les servlets, les portlets sont des composants web déployés à l'intérieur d'un conteneur et génèrent du contenu dynamique.

D'un point de vue technique, une portlet est une classe qui s'exécute du coté du serveur, elle est stockée et déployée sous la forme d'un fichier **.war** à l'intérieur d'un *Portlet Container*.

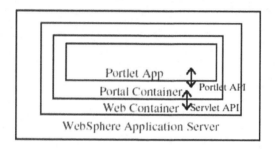

FIGURE 4.1 – EMPLACEMENT D'UNE APPLICATION PORTLET

- **JSR 168** (Java Specification Requests) est la spécification des portlets définissant le contrat entre les conteneurs de portlets et les portlets.

L'idée de cette spécification est de rechercher l'interopérabilité entre les portlets et les portails. Cette spécification a pour but de permettre à n'importe quel portlet développé en Java de s'exécuter dans n'importe quelle architecture distribuée avec un serveur d'application compatible J2EE.

Les buts principaux sont :

- Définir une API Java Portlet standard basée sur l'API Servlet
- Assurer l'interopérabilité et la portabilité ;
- Supporter des types de clients multiples (multi-terminal) ;
- Supporter la localisation et l'internationalisation ;
- Supporter l'exécution de portlet distant.

Lors de notre stage, nous avons utilisé la norme JSR168 , ainsi qu'une autre spécification : Portlet IBM. Les portlets développés suivant cette dernière spécification ne peuvent être déployés que sur le conteneur de portlets Websphere Portal.

1.2   Annuaire LDAP

Définition

LDAP (*Lightweight Directory Access Protocol*), qui signifie *Protocole d'accès aux annuaires légers*, est un protocole standard permettant de gérer des annuaires, c'est-à-dire d'accéder à des bases d'informations sur les utilisateurs d'un réseau par l'intermédiaire de protocole TCP/IP. Ces bases d'informations sont généralement relatives à des utilisateurs.

LDAP permet de définir la communication entre :

- **Le client et le serveur**, c'est-à-dire les commandes de connexion et de déconnexion au serveur, de recherche ou de modification des entrées

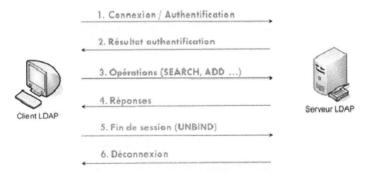

- **FIGURE 4.2 – COMMUNICATION ENTRE CLIENT LDAP ET SERVEUR LDAP**

- **Les serveurs eux-mêmes**, pour définir d'une part le service de réplication (*replication service*), c'est-à-dire un échange de contenu entre serveurs et synchronisation, d'autre part pour créer des liens entre les annuaires (on parle de *referral service*).

Il existe plusieurs types d'annuaires : Active directory, IBM directory, SunOne , Lotus Domino , Tivoli .

Dans le cas de notre application, l'annuaire LDAP Lotus Domino est utilisé pour permettre l'authentification des différents utilisateurs lors de leur connexion au portail.

1.3   Base de données DB2

DB2 est un système de gestion de base de données utilisant le langage SQL tout comme Oracle, PostgreSQL ou MySQL. Cette base de données est un système propriétaire appartenant à IBM, déployé sur les mainframes, systèmes UNIX, Windows et Linux. Nous avons utilisé ce SGBD pour stocker les données relatives aux différentes applications que nous avons eues à développer.

1.4 Lotus Sametime

Lotus Sametime est une application logicielle de la division Lotus Software, qui permet au personnel de l'entreprise de travailler en groupe et en temps réel. Lotus Sametime fournit aux entreprises des fonctions de messagerie instantanée comme MSN Messenger, un système de notification de présence et de conférence web, il permet d'améliorer la collaboration en incluant du texte enrichi, des émoticônes et des captures d'écran. Le vérificateur orthographique en temps réel repère les coquilles pendant que vous tapez et, une discussion vocale intégrée permet de passer facilement de la frappe à la prise de parole [B2].

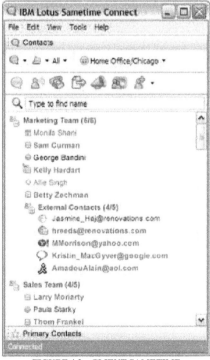

FIGURE 4.3 – CLIENT SAMETIME

Dans notre application, nous avons utilisé Lotus Sametime toolkit. C'est un outil qui permet aux utilisateurs connecté au Portail de dialoguer en direct à travers le forum de discussion .

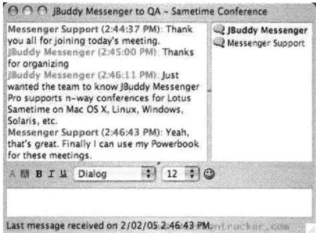

FIGURE 4.4 – FENÊTRE DE CHAT SAMETIME

1.5 Environnement de développement RAD (Rational Application Developer)

IBM Rational Application Developer est un IDE (integrated development environment) basé sur Eclipse developpé par la division IBM Rational Software, pour modéliser, construire, tester, et deployer les Web services, portails et application J2EE.

RAD contient du code et des éditeurs visuels pour:

- La connexion avec base de données
- HTML
- Java
- JavaServer Faces(JSF) et JavaServer Pages (JSP)
- Web services
- XML
- …

Il contient aussi WebSphere Application Server et WebSphere Portal test environement.

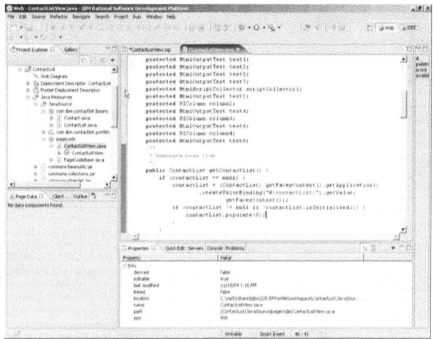

FIGURE 4.5 - IDE RATIONAL APPLICATION DEVELOPPER

Durant tout le stage RAD était notre environnement de développement intégré.

2. Description des applications réalisées

Nous allons traiter à présent la réalisation des trois applications développées :

2.1 Application portlet articles remarques

L'application réalisée doit permettre aux différents visiteurs du portail de lire un article choisi par l'administrateur, de l'évaluer et d'envoyer un ou plusieurs commentaires correspondants.

Ainsi l'application doit mettre à la disposition de l'administrateur du portail des moyens efficaces afin que ce dernier puisse gérer de manière cohérente aussi bien les articles présentés aux clients, que les commentaires envoyés par ces derniers.

- **Gestion des supports**

La première des choses à faire pour l'administrateur est l'ajout d'un support. C'est au sein d'un support déterminé qu'un article est présenté au client. Pour ajouter un support, l'administrateur doit saisir le titre du support dans le champ réservé et appuyer sur le bouton 'ajouter'. Ainsi l'administrateur voit s'afficher l'écran suivant :

FIGURE 4.6 – INTERFACE GESTION DES SUPPORTS

- **Gestion des articles**

Une fois que l'administrateur aura inséré un support ou plus, il passe à la gestion des articles.

Ainsi, pour ajouter un nouvel article au support, l'administrateur clique d'abord sur l'onglet du support en question, spécifie l'emplacement de l'article et de l'image , puis appuie sur le bouton 'enregistrer'.

Apres avoir enregistré un ou plusieurs articles l'écran suivant s'affiche :

FIGURE 4.7 – INTERFACE GESTION DES ARTICLES

L'administrateur peut sélectionner l'article pour soit l'afficher au client, le supprimer ou le télécharger pour le lire.

- **Gestion des commentaires**

Arrivé à cette étape, le client dispose déjà d'un article auquel il peut donner une mention et écrire un commentaire. L'administrateur peut bien entendu gérer les commentaires des clients.

Ainsi, pour afficher les différents commentaires, l'administrateur doit cliquer sur le nombre de commentaires.

FIGURE 4.8 – INTERFACE GESTION DES COMMENTAIRES

Ainsi la liste des commentaires pour chaque article s'affiche avec un système de pagination. L'administrateur peut éventuellement supprimer un ou plusieurs commentaires.

- **Partie utilisateur**

Du point de vue d'un utilisateur qui accède au portail, la portlet de l'application lui est affichée comme suit :

FIGURE 4.9 – INTERFACE UTILISATEUR PORTLET ARTICLES REMARQUES

L'utilisateur a la possibilité de télécharger l'article pour le lire en cliquant sur le nom de l'article (art1 dans l'exemple).

Après l'avoir lu, il sélectionne une mention dans une liste (très bien, bien, moyen….), comme il peut le commenter avant d'envoyer le tout.

2.2 Application portlet FAQ

Le FAQ (Frequently Asked Questions) est un document en ligne qui propose une série de questions et réponses sur un sujet spécifique. Ainsi l'administrateur peut gérer les différents thèmes (ajout, suppression, modification) ainsi que les questions réponses au sein de chaque thème, et cela comme suit :

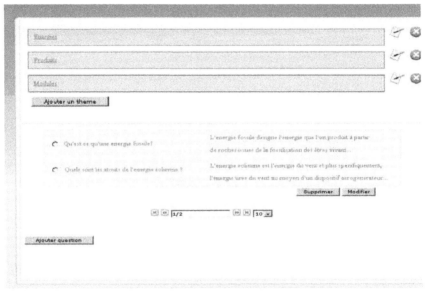

FIGURE 4.10 – INTERFACE ADMINISTRATION FAQ

Par ailleurs, en ce qui concerne l'utilisateur il peut bien entendu consulter les différentes questions /réponses suivant chaque thème à travers la page suivante :

41

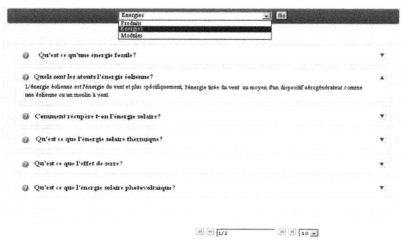

2.3 Application portlet forum de discussion :

L'application forum de discussion que nous avons réalisé permettra aux utilisateurs d'un portail d'échanger et de partager leur avis sur des sujets et des thèmes variés. Aussi ce forum de discussion présente une innovation qui est celle de communiquer avec les gens présents au forum et connectés à Lotus Sametime en même temps. Ce dialogue se fait à partir d'une interface (ressemblant à celle de MSN Messenger par exemple)

Lors de l'accès d'un utilisateur au forum de discussion, il voit s'afficher la liste des sujets auxquels il peut accéder suivant ses centres d'intérêts.

FIGURE 4.12 – INTERFACE FORUM-SUJETS

Ensuite quand l'utilisateur choisit d'accéder à l'un des sujets, il sera redirigé vers une nouvelle page qui lui présentera la liste des titres auxquels il peut débattre à l'intérieur du sujet.

FIGURE 4.13 – INTERFACE FORUM-TITRES

Après, et à l'intérieur de chaque titre, l'utilisateur trouvera la liste des posts publiés par les différents utilisateurs et pourra bien évidemment poster son avis lui aussi.

FIGURE 4.14 – INTERFACE FORUM-POSTS

Ainsi nous avons décrit la réalisations des trois application

> ➢ Les deux premières applications à savoir l'application portlet articles-remarques ainsi que l'application FAQ ont été finies, testées, validées et livrées aux clients.
> ➢ L'application portlet forum de discussion est réalisée à raison de 90%.

Conclusion et perspectives

L'objectif de notre stage était de contribuer à la mise en place de portail d'entreprises en utilisant les technologies IBM et J2EE. Nous avons entamé notre projet par une phase d'étude afin de recenser les besoins techniques et les spécifications fonctionnelles. Ensuite après avoir choisi un processus de développement adéquat, qui est le processus 2TUP, nous avons réalisé une conception générale des portails à développer pour le compte des clients de Uniforce. Ainsi nous avons développé des portlets applicatives mais aussi des portlets collaboratives assurant le travail en groupe et la messagerie instantanée pour les utilisateurs du portail. Pour finir nous nous sommes déplacés en compagnie des consultants de Uniforce afin d'installer et de déployer les portails chez les clients. Le travail qui a été fait répond dans une large mesure aux objectifs qui ont été tracées au début (environ 95% de réalisation). Quelques difficultés principalement d'ordre technique on été rencontrées lors du développement avec la technologie J2EE et aussi lors de l'intégration des applications dans les portails. Faute de temps, l'application du forum de discussion n'a pas été menée à bout.

Certes la période de stage que nous avons vécu dans Uniforce Informatique était très fructueuse. Cette période nous a permis de développer notre sens de travail en groupe et de dynamisme ainsi que de mettre en œuvre nos acquis théoriques à l'EMI notamment dans la phase de conception.

En guise de perspectives, nous projetons dans un premier temps de finir les applications restantes chez Uniforce. Aussi et avec la venue du WEB2.0, arrivent aussi de nouvelles tendances de solutions web personnalisées ce qui est le cas notamment pour les « marshups » [B8] qui sont des applications qui combinent deux ou plusieurs applications en utilisant des API spécifiques et qui commencent à concurrencer le marché des portails. Ainsi, les vendeurs de portails commencent à leur tour à s'intéresser de plus en plus à ces nouvelles caractéristiques du WEB2.0 (Ajax, Javascript , RSS…) [A1] et projettent de les incorporer dans des prochaines normes de portails notamment la norme JSR 268 . A noter aussi qu'il est possible de rendre les portlets réalisées génériques afin qu'elles puissent être adaptables à une variété d'entreprises.

Bibliographie

[A1]-Nicholas C. Zakas, Jeremy McPeak, Joe Fawcett (2006), *Professional Ajax*, **Wiley Publishing.**

[A2]-Bruce W. Perry (2006), *Ajax Hacks*, **O'Reilly**.

[A3]-Craig Larman (2004), *Applying UML and Patterns: An Introduction to Object-Oriented Analysis and Design and Iterative Development, Third Edition*, **Addison Wesley Professional**

[A4]-Rocques & Valée 2004, *UML en action*, **Eyrolles**

Webographie

[B1]http://www.redbooks.ibm.com/ (produits IBM)

[B2]http://www.ibm.com/developerworks/lotus/documentation/sametime/(documentation Lotus Sametime)

[B3]http://jakarta.apache.org/struts/index.html (framework Struts)

[B3]www.wikipedia.org

[B4]http://www.improve-technologies.com

[B5]http://www.ibm.com/developerworks/websphere/library/techarticles/0601_patil/0601_patl.html (documentation Websphere)

[B6]http://www.ibm.com/developerworks/websphere/library/techarticles/0601_patil2/0601_ptil2.html (documentation Websphere)

[B7]http://www.ibm.com/developerworks/websphere/library/techarticles/0312_hepper/hepper.html (documentation Websphere)

[B8]http://blogs.ittoolbox.com/km/vikramark/archives/portal-perspective-mashups-11008(marshups)

<u>Annexe</u>

SECURITE DANS WEBSPHERE

Sécurité dans Websphere

Voici certains dispositifs de sécurité que les administrateurs d'applications et de portail peuvent utiliser afin de mieux protéger les informations importantes contenues dans les ressources du portail.

WebSphere Member Services

De nombreux environnements nécessitent une administration centralisée des identités des utilisateurs, des droits d'accès et des autorisations. Le serveur du portail comprend des fonctions qui permettent de définir les utilisateurs du portail et de gérer les droits d'accès des utilisateurs. Le sous-système d'utilisateurs et de groupe comprend les éléments suivants :

• Des pages Web dans lesquelles les utilisateurs peuvent enregistrer et gérer leurs propres informations de compte.

• Des portlets d'administration et une interface de configuration XML en vue de la gestion des comptes utilisateur et des informations de groupes.

• Un référentiel permettant de stocker toutes les informations sur les utilisateurs de portail.

Il propose des services permettant de créer, de lire, de mettre à jour et de supprimer des utilisateurs ou des groupes du référentiel. Les informations relatives au profil utilisateur comprennent des informations générales comme le nom et l'ID de l'utilisateur, des informations de préférence comme les nouveaux domaines d'intérêt, la langue préférée, etc. Un utilisateur peut appartenir à un ou plusieurs groupes et les groupes peuvent eux-mêmes contenir d'autres groupes.

L'ensemble des attributs des profils utilisateur par défaut se fonde sur un schéma inetOrgPerson, qui est pris en charge par la majorité des répertoires LDAP. Le référentiel des utilisateurs peut contenir plusieurs sources de données. Par défaut, le référentiel se compose de deux sources de données : une base de données et un serveur d'annuaires. La base de données peut être n'importe quelle base de données prise en charge par WebSphere Portal. Tous les produits de l'annuaire LDAP sont pris en charge, y compris Sun ONE Directory Server, Microsoft Active Directory, Novell eDirectory, Lotus Domino, et IBM Tivoli Directory Server.

Le nouveau concept de domaine permet d'agréger des utilisateurs à partir d'un ou plusieurs répertoires utilisateur et de les exposer en tant que peuplement d'utilisateurs cohérent dans WebSphere Portal ; cela est également désigné par partitionnement horizontal.

Les domaines permettent une gestion flexible des utilisateurs avec diverses options de configuration ; par exemple, il est possible de combiner les principaux d'un ou plusieurs protocoles LDAP d'entreprise avec des utilisateurs dans un registre d'utilisateurs de base de données et un registre d'utilisateurs personnalisé. Un domaine doit être mappé en portail virtuel afin de permettre au peuplement d'utilisateurs défini par le domaine de se connecter au portail virtuel.

Administration

Les administrateurs de portail ou les utilisateurs (auto-administration) peuvent créer, supprimer et modifier les utilisateurs et les groupes. Le serveur du portail fournit des formulaires pour l'enregistrement des nouveaux utilisateurs et des portlets d'administration pour la mise à jour des informations sur les groupes et les utilisateurs. Il est également possible d'utiliser l'interface de configuration XML afin de gérer les utilisateurs.

Les formulaires d'enregistrement et d'auto-administration peuvent être modifiés facilement afin de recevoir de nouveaux attributs. De nouvelles zones de saisie de données au formulaire peuvent être ajoutés, en faisant correspondre les identifiants des zones avec les nouveaux noms d'attributs. Le processus d'inscription stockera automatiquement les nouvelles données dans les attributs utilisateur correspondants. Le Centre de documentation pour WebSphere Portal contient davantage d'informations sur la personnalisation de l'implémentation du référentiel utilisateur, les pages d'enregistrement et d'auto-administration, et les classes de validation des données.

Authentification

L'authentification est le processus de création de l'identité d'un utilisateur. Généralement, le serveur de portail utilise les services d'authentification fourni par WebSphere Application Server. Un serveur d'authentification tripartite peut être également utilisé (tel que Tivoli Access Manager, WebSeal, ou Computer Associates *e*Trust SiteMinder) qui bénéficie d'une association sécurisée avec le serveur d'applications.

Le serveur d'applications sous-jacent implémente l'authentification Java ainsi que l'architecture du service d'autorisation (JAAS). JAAS propose un moyen d'authentifier les sujets ainsi qu'un contrôle d'accès à granularité fine. JAAS fait partie intégrante du modèle de sécurité standard Java ; il assure l'indépendance des applications par rapport à l'authentification sous-jacente et aux mécanismes d'authentification. L'architecture JAAS effectue les opérations de connexion et de déconnexion à l'aide d'une interface de fournisseurs de services modulable. Les droits d'accès qui sont établis par les modules de connexion JAAS au serveur de portail incluent les noms distinctifs des utilisateurs et des groupes, l'ID utilisateur et le mot de passe ainsi que des marques de connexions uniques telles que Lightweight Third Party Authentication (LTPA). Dans un environnement réparti J2EE, les portlets peuvent utiliser l'interface de programmation JAAS Application Programming Interface pour accéder aux applications dorsales compatibles JAAS.

Identification de l'utilisateur

WebSphere Portal utilise l'authentification par formulaire. L'authentification par formulaire signifie qu'un utilisateur est invité à indiquer sur un formulaire HTML son ID utilisateur et son mot de passe afin d'être authentifié pour accéder au portail. Le serveur de portail demande au serveur d'applications de valider les informations d'authentification selon un registre d'utilisateurs LDAP.

WebSphere Application Server utilise LTPA comme mécanisme d'authentification. Ainsi, lorsqu'un utilisateur tente d'accéder à une ressource protégée, le serveur d'applications intercepte la demande et la réachemine vers le formulaire de connexion. Ce formulaire affiche l'ID et le mot de passe de l'utilisateur sur le portail qui demande au serveur d'applications d'authentifier l'utilisateur. Si l'utilisateur peut être authentifié, un droit d'accès valide est créé et un cookie LTPA est enregistré dans le poste de l'utilisateur.

Avec WebSphere Portal version 5.1, le formulaire peut être soit un portlet (par défaut) soit un écran. Le portlet peut être personnalisé par portail virtuel.

Serveurs d'authentification tripartite

Si votre système utilise un autre serveur d'authentification tripartite, une relation sécurisée doit être établie entre le serveur proxy et WebSphere Application Server. Il est possible d'établir une relation sécurisée en utilisant un moduleTrust Association Interceptor (TAI), qui convertit les informations de sécurité spécifiques au serveur proxy d'authentification dans un format qui peut être traité par le serveur d'applications. Le mécanisme d'authentification pris en charge dépend des fonctions fournies par le produit tiers.

Lorsqu'un utilisateur tente d'accéder au portail, le proxy d'authentification tiers intercepte la requête et demande à l'utilisateur de s'authentifier. Une fois la connexion établie, la requête de l'utilisateur initial, ainsi que les informations supplémentaires relatives à la sécurité dans l'en-tête de la requête, sont transmises au serveur d'applications. Le format et le contenu de ces informations sont propres à chaque fournisseur. WebSphere Application Server utilise le module TAI (propre au produit du fournisseur tiers) pour extraire les informations de sécurité nécessaires à partir de l'en-tête de la requête.

Les modules TAI pour Tivoli Access Manager et Computer Associates *e*Trust SiteMinder sont mis en forme avec le serveur de portail (toutes les éditions). Le Centre de documentation pour WebSphere Application Server contient des informations sur la création de modules TAI personnalisés pour d'autres serveurs proxy inverses de fournisseur tiers.

Connexion unique

Le serveur de portail fournit un support de connexion unique global (SSO). Les utilisateurs souhaitent pouvoir se connecter une seule fois et être reconnus par les différentes parties du serveur de portail avec les mêmes droits d'accès utilisateur cohérents. Les utilisateurs ne doivent pas être contraints de se connecter à plusieurs reprises parce qu'ils accèdent à diverses applications de portail.

Le serveur de portail supporte des domaines de connexion unique à l'aide de WebSphere Application Server ainsi que des proxies d'authentification. Cela signifie que l'utilisateur ne doit se connecter qu'une seule fois pour accéder à toutes les applications de l'entreprise installées dans les domaines de connexion unique.

WebSphere Application Server utilise des droits d'accès ainsi que des marques de connexion unique telles que LTPA afin de fournir une connexion unique. Une fois l'utilisateur authentifié, le serveur de portail crée un cookie de connexion unique (une marque LTPA par défaut) contenant les droits d'accès de l'utilisateur authentifié. Ce cookie est chiffré dans le format utilisé par WebSphere Application Server et peut être déchiffré par tous les serveurs d'applications du domaine partagé, à condition qu'ils utilisent le même code de chiffrement. Ce cookie permet à tous les serveurs du cluster d'accéder aux droits d'accès utilisateur sans demande d'authentification supplémentaire, ce qui permet à l'utilisateur de ne se connecter qu'une seule fois. Pour que l'utilisation de la méthode se basant sur des cookies de connexion unique soit possible, le navigateur de l'utilisateur doit supporter les cookies et ceux-ci doivent être activés.

Coffre des données d'identification

Bon nombre de portlets doivent accéder à des applications distantes qui requièrent une authentification de l'utilisateur. Pour accéder aux applications situées en-dehors du domaine du portail, le serveur du portail fournit un service de coffre des données d'identification que les portlets peuvent utiliser pour stocker l'ID utilisateur et le mot de passe (ou d'autres données d'identification) pour permettre à un utilisateur de se connecter. Les portlets peuvent les utiliser pour le compte de l'utilisateur pour accéder aux systèmes distants. Le coffre des données d'identification prend en charge l'archivage dans une base de données locale ou Tivoli Access Manager pour un archivage sécurisé et l'extraction de droits d'accès. Les portlets peuvent obtenir les droits d'accès à l'aide d'un objet `CredentialVaultPortletService` et en appelant sa méthode `getCredential`. Une fois l'accréditation renvoyée, deux options sont possibles :

• Utiliser les mots de passe ou les codes à partir d'une accréditation passive, en les transmettant via des appels propres à l'application. Les portlets qui utilisent ces accréditations passives doivent extraire le secret des données d'identification, puis assurer toutes les communications d'authentification avec le système dorsal lui-même.

• Appeler la méthode d'authentification d'une accréditation active. Les objets Droits d'accès actifs conservent le secret des données d'identification caché : le portlet n'a aucune possibilité de l'extraire. Les accréditations actives fournissent d'autres méthodes d'authentification.

Dans le dernier cas, les portlets peuvent déclencher l'authentification dans des serveurs éloignés en utilisant des autorisations de base, l'authentification client Secure Socket Layer (SSL), l'authentification simplifiée ou LTPA en ignorant les valeurs des données d'identification. L'utilisation des droits d'accès actifs signifie que le portail s'authentifie lui-même pour le compte du portlet, et qu'il suffit au portlet d'utiliser la connexion. Cette méthode est recommandée, bien qu'elle ne soit pas toujours applicable. Pour bénéficier d'une transmission sécurisée des données, les portlets peuvent demander une session sécurisée (HTTPS) pour accéder aux applications Web.

Connexions permanentes

Les portlets qui dépendent des connexions distantes requièrent la conservation de cette connexion lorsque les utilisateurs naviguent dans le portail. Le portail fournit un service de connexion dorsal qui maintient les connexions TCP/IP lors des changements de page. Certaines applications distantes utilisent les connexions par formulaire et stockent les cookies pendant le traitement du formulaire de connexion. Dans le coffre des données d'identification, HttpFormBasedAuthCredential permet de gérer ces connexions par formulaire et stocke l'ensemble des cookies obtenus. Pour les appels suivants, le portlet peut ensuite demander une accréditation pour une connexion authentifiée. Ainsi, une connexion HTTP est possible, ces cookies étant déjà définis dans l'en-tête. De cette manière, les portlets peuvent conserver des connexions dorsales sécurisées permanentes.

Autorisation

Une fois l'identité de l'utilisateur définie, le serveur de portail consulte le composant de contrôle d'accès au portail afin de déterminer les ressources (telles que les pages et les portlets, par exemple) auxquelles un utilisateur peut accéder. Le composant de contrôle d'accès au portail stocke ces informations dans la base de données WebSphere Portal par défaut. Il faut utiliser les portlets d'autorisations de groupe d'utilisateurs et les portlets d'autorisations de ressources ainsi que l'interface de configuration XML et l'interface de script du portail afin de gérer les paramètres du contrôle d'accès.

Le serveur du portail applique le contrôle d'accès aux ressources du portail, notamment les portlets, les pages et les groupes d'utilisateur. Il est possible également gérer le contrôle d'accès pour des ressources spécifiques dans un gestionnaire de sécurité externe, tel que Tivoli Access Manager ou Computer Associates *e*Trust SiteMinder.

WebSphere Portal utilise une approche basée sur les rôles afin de gérer les autorisations utilisateur d'accéder aux ressources de portail. Un rôle combine un ensemble de droits d'accès avec une ressource WebSphere Portal spécifique. Cet ensemble de droits d'accès est appelé type de rôle. En affectant un rôle à un utilisateur ou à un groupe, le ou les utilisateurs du groupe disposent d'autorisations d'accès à la ressource. Les ressources WebSphere Portal font partie intégrante d'une hiérarchie (par exemple, une page peut contenir d'autres pages ou un dossier contenant d'autres dossiers ou documents). Chaque ressource de la hiérarchie hérite des affectations de rôles de la ressource parent sauf si une séquence d'opérations existe déjà. Cet héritage réduit les tâches d'administration. Lorsque vous affectez un utilisateur ou un groupe, et que l'utilisateur appartient à un rôle dans la ressource parent, l'utilisateur acquière automatiquement ce même rôle dans toutes les ressources enfant.

Les types de rôles suivants existent :

- **Utilisateur :** peut visualiser les ressources
- **Utilisateur privilégié :** peut visualiser les ressources, les portlets personnalisés et les pages et peut créer de nouvelles pages privées.
- **Editeur :** peut créer de nouvelles ressources et configurer les ressources existantes utilisées par plusieurs utilisateurs.
- **Gestionnaire :** peut créer de nouvelles ressources, configurer les ressources existantes utilisées par plusieurs utilisateurs et supprimer une ressource.
- **Délégant et administrateur de sécurité :** nécessaire pour modifier la configuration du contrôle d'accès.
- **Administrateur:** possède toutes les autorisations.

Administration mandatée

WebSphere Portal prend en charge la délégation de l'administration du contrôle d'accès. Un administrateur est un utilisateur qui est autorisé à modifier la configuration du contrôle d'accès en modifiant les affectations de rôle et en créant ou en supprimant des blocs de rôle. Les administrateurs peuvent déléguer des sous-ensembles spécifiques de leurs privilèges administratifs à d'autres utilisateurs ou groupes d'utilisateurs. Ces utilisateurs et groupes peuvent eux aussi déléguer des sous-ensembles de leurs privilèges à d'autres utilisateurs et groupes.

Sécurité Java 2

Sécurité Java 2 (J2SE) fournit un mécanisme de contrôle d'accès à base de règles et à grain fin augmentant l'intégrité du système global par un contrôle les droits d'accès avant d'autoriser l'accès à certaines ressources système protégées. Sécurité J2SE permet de configurer des fichiers de stratégie individuels contrôlant les privilèges assignés à des codes source individuels.

Si le code n'a pas les droits d'accès requis et qu'il tente toujours d'exécuter une opération protégée, une exception de sécurité correspondante est émise par le contrôleur d'accès Java. WebSphere Portal prend en charge la sécurité Java 2 bien qu'il soit désactivé. En l'activant, il est possible d'augmenter la sécurité de l'utilisateur en n'autorisant que certaines opérations dans les fichiers de stratégie des applications comme les portlets.

Protocole SSL (Secure Socket Layer)

La configuration de WebSphere Portal pour SSL renforce la sécurité de l'échange client-portail. Elle crypte tout le trafic entre le navigateur client et le serveur du portail, de façon que personne ne puisse "écouter" les informations échangées sur le réseau entre le navigateur client et le portail. En outre, en supposant que WebSphere Application Server sur lequel le portail s'exécute est également configuré pour accepter (ou même requérir) des connexions SSL, la marque LTPA ainsi que les autres informations de sécurité et de sessions peuvent être intégralement protégées contre le piratage et les attaques de répétition.

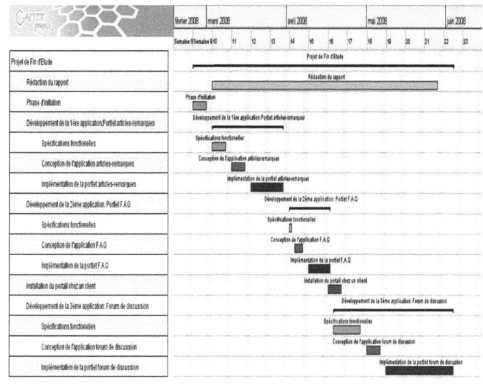

FIGURE 5.1- DIAGRAMME D'ACHEMINEMENT DU PROJET

www.ingramcontent.com/pod-product-compliance
Lightning Source LLC
LaVergne TN
LVHW042348060326
832902LV00006B/457